AF603578

UN
CARACTÈRE

PAR

C. LANCELOT

Avec une Préface de M. le Pasteur PAUL DE FÉLICE

A PARIS
AU DÉPÔT CENTRAL DE PUBLICATIONS POPULAIRES
4, PLACE DU THÉATRE-FRANÇAIS, 4

1887

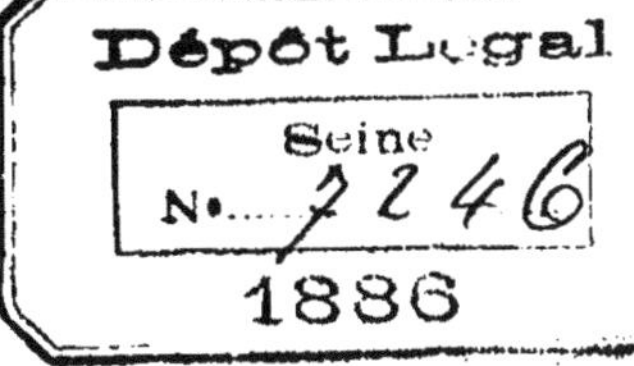

PRÉFACE

LETTRE DE M. LE PASTEUR PAUL DE FÉLICE

A MADEMOISELLE C. L.

CHÈRE MADEMOISELLE,

Vous avez bien voulu exprimer le désir que j'écrive, en tête des pages consacrées à raconter la vie d'Elmire Gallo, une courte préface. Je vous en remercie. C'est toujours un privilège que de participer à une bonne œuvre, et cette biographie, indépendamment de son mérite littéraire, est une bonne œuvre. Vous y avez dépeint, comme vous le dites vous-même, « un caractère », et vous avez montré ce que peuvent réaliser une volonté ferme et une conscience d'élite mises au service d'une noble cause.

Elmire Gallo a accompli une œuvre modeste, mais bénie : elle a fait du bien à ceux qui l'ont connue et entourée, et j'en crois votre affirmation, comme celle d'autres personnes que les circonstances ont rapprochées d'elle, quand vous dites qu' « elle laisse des traces lumineuses, des souvenirs bénis ». « Souvent, ajoutez-vous, ils éclaireront la route de ceux qui ont eu le privilège de la connaître, et les fortifieront dans les difficultés et les angoisses de la vie. » Beau commentaire de la parole du livre des *Proverbes* : « La mémoire du juste sera en bénédiction ! »

Minée par la fatale maladie qui décimait sa famille, elle ne s'arrête pas, elle semble se créer des forces et ce n'est que huit jours avant de mourir qu'elle consent à abandonner son œuvre. Elle meurt debout, en quelque sorte, et à son poste, et la maladie qui a miné son corps n'a pu faire fléchir son âme. Aussi tirait-elle sa force de la vraie source de toute grâce excellente et de tout don parfait.

Je me reprocherais de terminer ces quelques lignes sans avoir dit combien vos pages m'ont intéressé. Vous avez su faire partager au lecteur votre admiration et votre sympathie pour celle dont vous racontez la vie. Après vous avoir lu, on connaît Elmire Gallo et on l'aime. C'est vous dire que vous avez atteint le double but que vous vous étiez proposé, et je ne doute pas un instant que tous ceux qui liront votre ouvrage ne ratifient le sentiment que croit devoir exprimer votre respectueusement dévoué

PAUL DE FÉLICE.

Dr Th.

UN CARACTÈRE

« Nous avons chacun une œuvre à faire ici-bas, la statue de notre vie à modeler aussi belle, aussi pure que possible. » Cette pensée de Louisa Siefert nous revient à l'esprit en face d'une existence humble aux yeux des hommes, mais brillante à ceux de Dieu. Au milieu de circonstances souvent défavorables, en proie à des luttes de tous genres, Elmire Gallo a travaillé sans relâche à la réalisation de cet idéal de la vie humaine et prouvé qu'avec l'aide de Dieu, il n'est rien que notre ferme volonté ne puisse conquérir, du moins dans le domaine moral.

Elle avait en elle deux puissants moteurs qui ont enrichi et fécondé sa vie : la soif de la perfection et l'amour de son prochain. Elle voulait le bien de toutes les forces de son ardente nature; se sacrifier lui était doux au cœur. Aussi n'a-t-elle pas vécu en vain : elle laisse des traces lumineuses, des souvenirs bénis; souvent ils éclaireront la route de ceux qui ont eu le privilège de la connaître et les fortifieront dans les difficultés et les angoisses de la vie.

Nous trouvons en elle « un caractère » ; c'est à ce titre que nous voudrions essayer de retracer ici, d'une manière bien imparfaite, hélas! son existence si courte, mais si remplie ; si modeste, mais éclairée par le divin rayon de la charité.

Née à M... (Alsace) en 1847, Elmire Gallo connut de bonne heure la lutte pour l'existence. Retirée de l'école à l'âge de treize ans, elle dut chercher à venir en aide à sa mère, veuve depuis plusieurs années, et dont elle était la fille cadette.

Mince et élancée, elle paraissait plus que son âge; son frais visage éclairé par de beaux yeux bruns, vifs et intelligents, indiquait son origine paternelle italienne et attirait l'attention, comme il gagnait à première vue la sympathie.

Sa raison précoce, son adresse dans tous les travaux manuels, son ardent désir de soulager sa mère, lui firent obtenir une place de lingère au principal hôtel de la ville.

Sérieuse et posée, tout entière à sa besogne, elle devait être bien différente des jeunes filles de son âge, quand on songe que la maîtresse d'hôtel, devinant en elle le dévouement consciencieux et absolu à son devoir, toujours un des traits distinctifs de son caractère, lui confia, au bout de peu de temps, le soin des desserts, du sucre, des fruits, de l'argenterie, dont elle eut l'entière responsabilité.

Ces fonctions nouvelles, en tirant Elmire de la solitude relative de la lingerie, la mirent en contact avec tout le personnel de l'hôtel, comme aussi avec les étrangers. Elle vit de près bien des tentations, et, malgré sa jeunesse et son inexpérience, sentant le côté périlleux de sa position, elle préféra y renoncer et abandonner les avantages qu'elle aurait pu en retirer dans la suite. Elle se décida à aller en journée, ce qui lui fut facilité par plusieurs personnes bienveillantes.

Depuis quelque temps déjà, la jeune fille suivait l'instruction religieuse en vue de sa première communion. Elle avait trouvé, dans son pasteur et sa femme, des amis d'une bonté et d'une sollicitude toutes paternelles; leur presbytère fut pour elle un refuge et un abri en plus d'une heure sombre et angoissée.

A cette phase de son développement intellectuel et moral, cette rencontre fut providentielle pour Elmire. Elle se trouva ainsi transportée dans un milieu tout différent du sien (sa mère tenait alors une petite auberge aux portes de la ville) et répondant aux secrètes aspirations de son âme. Dans cette atmosphère saine et pure, son goût des choses élevées, sa soif ardente d'instruction, de perfectionnement, gagnèrent en intensité.

Joignant à un esprit éminemment observateur, une grande faculté d'assimilation, elle sut tout mettre à profit, jusqu'aux remarques faites aux enfants sur leur tenue à table, et leurs manières en général.

Plusieurs fois par semaine, elle passait la journée chez Mme B... s'occupant principalement de travaux de couture. Souvent aussi, dans les beaux jours, elle menait les petites filles faire de longues courses à la campagne.

Le spectacle de la nature la ravissait; elle en sentait profondément toutes les beautés, source de jouissances infinies, au contact desquelles son âme s'épanouissait, laissant bien loin les misères et les soucis de la vie journalière, pour s'envoler plus libre, plus pure et plus heureuse, vers les sphères idéales.

On rentrait chargé de bottes de fleurs, répétant tout en marchant les mélodies à plusieurs voix que Mme B... enseignait à ses fillettes. La musique avait pour Elmire un attrait irrésistible. Douée d'une belle voix de contralto, c'est de cœur et d'âme qu'elle prenait part au petit concert du dimanche soir, gravant dans sa mémoire nombre de cantiques et d'airs populaires.

Plus tard surtout, Mlle Gallo comprit de quelle importance, pour la fille du peuple, est l'emploi du dimanche. Des impressions recueillies ce jour-là dépend, en majeure partie, la valeur morale de la semaine. C'est le dimanche surtout qui contribue à abaisser ou à relever le niveau intellectuel et moral d'esprits absorbés, la semaine, par les nécessités impérieuses de la vie matérielle, écrasés, pour ainsi dire, par un genre de travail souvent presque abrutissant.

Elle vit combien de tentations lui avaient été épargnées, de quel profit lui avaient été ces paisibles et heureux dimanches, et chercha plus tard à procurer à d'autres ce dont elle-même avait senti si vivement le bienfait. Elle fonda des réunions de jeunes filles, sorte d'union chrétienne dont elle prit entièrement l'initiative.

Nous voyons à quel point Elmire était entrée dans l'intimité de la famille de son pasteur. Elle rendit, en affection fidèle et en dévouement à toute épreuve, la bonté dont il lui était si doux de se sentir entourée. De bonne heure elle enseigna la couture aux fillettes de Mme B...; elle sut leur donner tout à la fois l'amour des travaux à l'aiguille et une grande habileté de doigts, révélant ainsi le don de l'enseignement qu'elle possédait au plus haut degré, et dont elle prit alors le goût et le besoin.

Plus d'une jeune fille, voyant sa carrière commencée sous des auspices favorables, ses journées prises, n'en aurait pas demandé davantage. Elmire avait l'ambition plus haute, et ne se croyait jamais arrivée au but. A mesure qu'elle avançait, elle voyait s'agrandir son horizon, une conquête nouvelle à entreprendre, plus de bien à faire.

Quoique ne gagnant à cette époque pas plus d'un

franc par jour, elle réussit, à force de persévérance, à réunir une petite somme dont elle avait, depuis longtemps déjà, décidé l'emploi; et l'utilisa pour aller de temps à autre dans une ville voisine y apprendre, mieux qu'elle ne l'aurait fait à M..., certains fins raccommodages. Elle y visita, en même temps, une vénérable grand'tante, qui la prit en grande affection et se montra toujours excellente pour elle.

Dans la suite, la jeune ouvrière trouva moyen de se perfectionner dans tous les ouvrages de fantaisie; elle y apporta toujours un véritable sentiment artistique et les marqua au coin de sa personnalité. Il nous semble, là, retrouver trace de son origine italienne.

Nous avons vu son goût pour la musique, elle était également bien douée pour le dessin. Les premières notions de cet art lui furent données par son frère, dessinateur d'avenir, auquel elle avait voué une affection passionnée et dont la mort prématurée lui causa une douleur profonde.

Ainsi s'écoulèrent pour Elmire Gallo ces années de jeunesse dont dépend le plus souvent la direction de la vie tout entière et que peu de jeunes filles savent réellement mettre à profit. Sans être fière ni dédaigneuse, elle ne recherchait pas les amies de son âge; son esprit ne trouvait aucun intérêt à leurs conversations futiles ou banales, pas plus qu'elle n'avait de petites préoccupations de vanité, ou le souci de son bien-être matériel. Elle avait inconsciemment pour devise : *Excelsior*.

Toujours désireuse d'augmenter ses connaissances et ne trouvant pas une minute à consacrer à la lecture, elle prit l'habitude de lire, tout en marchant, pendant la longue course solitaire qu'elle faisait matin et soir, longeant le canal près duquel demeurait sa mère, à une certaine distance de la ville. Elle cheminait ainsi, lentement et tout absorbée, sans remarquer un jeune homme de condition plus élevée, qui, lui aussi, suivait journellement le même chemin. Son intérêt pour cette belle fille studieuse ne tardant à s'éveiller, il se hasarda un jour à lier conversation avec elle, s'intéressa à ses lectures, lui donna des explications, des directions, puis enfin, témoigna le désir de l'épouser plus tard. Elle vit le danger de cette liaison prématurée, dont l'attrait pourtant était vif pour elle, et sut briser cet attachement avant qu'il fût trop tard.

Il existait à M... un ouvroir fondé par un certain nombre de dames, dépendant du conseil presbytéral, surveillé par un comité et dirigé par une vieille demoiselle des plus respectables, qui, quoique contrefaite et d'une faible santé, avait su, par son énergie et sa piété, acquérir une grande influence sur son entourage. Mlle Gallo fut appelée à la seconder, et, le 1er octobre 1868, lui fut adjointe comme sous-directrice et logée à l'ouvroir même. Au mois d'avril suivant, la direction entière lui fut

2

remise par suite de la démission de la directrice.

Arrivée à cette position honorable, sinon brillante, et qui ouvrait à son activité un vaste champ de travail, Elmire se mit à sa tâche cœur et âme, accomplissant son devoir avec un entrain qu'à défaut d'autres preuves, constateraient les comptes rendus des séances du comité de l'ouvroir : « Observations. — Mlle Gallo garde les élèves trop longtemps, elle est priée de les renvoyer au plus tard à six heures. »

C'est peu de chose; mais ce petit détail suffit pour donner la note et montrer que son propre intérêt était chose secondaire pour elle. La prévoyance matérielle lui faisait entièrement défaut; on l'y devait forcer, par des mesures qu'elle ressentait presque comme une injure. En 1870, par exemple, elle reçut une gratification de 100 francs, à la condition, faite par le comité, d'après le désir de Mme B.... que cette somme serait placée à la caisse d'épargne.

En dehors de sa classe d'ouvroir, Mlle Gallo entreprit de donner des leçons de couture en vue des examens. Elle y porta comme partout la minutieuse exactitude qui la caractérisait. Exigeante envers elle-même au point de découdre plusieurs fois de suite un ouvrage qui ne la satisfaisait point, elle demandait beaucoup de ses élèves. Animée du feu sacré, elle savait communiquer aux plus gauches, aux plus maladroites quelque chose de son habileté, donner de l'amour-propre à celles qui en manquaient, et à toutes l'amour du travail.

Ce fut pour la jeune maîtresse, après sa classe d'ouvroir où elle avait affaire à des natures parfois incultes, souvent peu douées et rebelles au développement, un repos relatif et une jouissance très grande que ce contact avec des élèves instruites et cultivées. Avec quelle avidité elle cherchait à glaner dans leur conversation de quoi grossir son bagage de connaissances! En même temps, comme d'un mot elle savait les rendre attentives à la valeur du temps; au prix et à la nécessité du travail, quelle que soit la position qu'on occupe!

Ainsi naquirent, entre la maîtresse et ses élèves, de profondes et de durables amitiés, source de douces jouissances pour le cœur avide d'affection de la première, et, pour les dernières, précieuse occasion de se fortifier moralement sous la prédication muette, mais d'autant plus éloquente, de cette vie d'abnégation et de dévouement.

Au mois de décembre 1869, Elmire ressentit les premières atteintes du mal qui devait l'emporter, et fut prise d'une toux si violente que le comité se décida, pour favoriser son rétablissement, à la placer à la maison des Diaconesses. Revenue à son poste, plus ardente au travail que jamais, elle accepta jusqu'à quarante élèves. C'en était trop pour une seule maîtresse; aussi sa meilleure élève, une jeune orpheline qu'elle aimait tendrement et presque maternellement, lui fut-elle adjointe comme aide.

Un jour de l'hiver 1870, on vint en toute hâte chercher Elmire de la part de sa mère qui, en éteignant une lampe à pétrole, venait de se brûler horriblement. Comment dépeindre l'affreux état dans lequel sa fille la trouva! La figure, les épaules, la poitrine étaient abîmées au point de rendre son état presque désespéré. Un moyen extrême réussit seul à conjurer le danger : il fallut recouvrir les plaies de onze petits morceaux de peau, greffes épidermiques enlevées à différentes personnes, mais principalement à la courageuse fille, qui se prêta avec bonheur à cette opération.

Pendant dix-neuf semaines elle prodigua ses soins à sa mère et se montra d'une douceur, d'une patience, d'un dévouement vraiment admirables, si l'on songe qu'elle ne suspendit jamais ses fonctions à l'ouvroir, ne s'accordant aucun repos de jour ni de nuit. Elle prit à sa charge tous les frais de la maladie, et s'imposa des sacrifices dépassant absolument la limite de ses moyens.

Bravant le froid malgré un pied malade qui lui rendait la marche pénible, et dont elle souffrit pendant des années, la vaillante enfant faisait parfois jusqu'à trois fois par jour la longue route de l'ouvroir chez sa mère. Souvent elle oubliait de dîner, et semblait faite d'acier pour endurer une existence pareille. Elle fut soutenue jusqu'au bout par sa passion filiale, mais sa santé fut le prix de la vie de sa mère. Toujours frêle et délicate, elle ne se remit jamais de ces fatigues excessives, et dut porter un fardeau journalier de souffrances physiques, maîtrisées et cachées à force d'énergie, mais qui ne l'en minaient pas moins lentement.

Voyant sa mère très affaiblie, dans une situation pécuniaire embarrassée, Mlle Gallo exprima, au comité de l'ouvroir, le désir de la prendre chez elle. Celui-ci, pour différentes raisons, crut devoir refuser. Froissée dans sa piété filiale, poussée par sa grande indépendance de caractère, elle donna sa démission, avec la résolution de fonder un ouvroir pour son propre compte.

Le projet était téméraire; peut-être n'aurait il jamais abouti, sans l'intervention d'une dame très bienfaisante qui désirait elle-même créer une œuvre analogue pour des jeunes filles pauvres. Elle offrit à Elmire un local spacieux, un joli traitement, et, tout en assumant l'entière responsabilité pécuniaire, laissa à la directrice une complète liberté d'action et d'organisation, dont celle-ci profita tout d'abord pour s'adjoindre un professeur de dessin. Ces leçons, dont elle faisait pour ses élèves comme la récompense du travail de la semaine, lui semblaient, avec raison, un complément des plus utiles à l'enseignement de la couture, de la broderie et de tous les travaux féminins. Elle ne négligea pas pour elle-même cette excellente occasion de se perfectionner dans cet art et fit en peu de temps de rapides progrès.

Du reste, elle ne se bornait pas à s'occuper de l'instruction des jeunes filles de son ouvroir, mais prenait surtout à cœur leur développement moral et les suivait avec sollicitude après leur sortie de l'école. Savaient-elles assez bien coudre et repriser pour commencer à gagner, Mlle Gallo leur trouvait, dans de bonnes maisons, de l'ouvrage comme lingères à la journée, ou, selon leur caractère, leurs aptitudes, leur cherchait des places de femmes de chambre, ou de bonnes d'enfants. Aussi l'ouvroir ne tarda-t-il pas à se doubler comme d'une agence de placement, et la directrice devint la ressource suprême des jeunes maîtresses de maison en détresse domestique.

On peut considérer cette époque comme la période la plus heureuse de la vie d'Elmire, grâce aux rapports affectueux qui s'établirent entre elle et sa dame patronnesse. Une visite de Mme G... lui mettait la joie au cœur, et un rayonnement sur son expressif visage. La culture intellectuelle, alliée à la distinction extérieure, était pour elle d'un attrait irrésistible, et toutes les manifestations lui en étaient particulièrement sensibles.

Elle y trouvait tout à la fois une jouissance et une souffrance : une satisfaction donnée à ses propres aspirations, en même temps que la constatation des lacunes l'empêchant encore d'atteindre l'idéal entrevu et si difficilement réalisable.

Mme G..., partageant son année entre des séjours

à la campagne et des voyages, une correspondance suivie s'engagea forcément entre elle et la directrice de son ouvroir, qui constata avec chagrin son ignorance de l'orthographe et fit part à une de ses anciennes élèves de tous les embarras qu'elle lui causait. Cette confidence amena le renversement des rôles respectifs; la maîtresse de couture devint élève en français, et deux soirs par semaine furent consacrés à l'étude de la grammaire et aux dictées.

Il eût été difficile de trouver une élève plus zélée. Le plus souvent elle arrivait exténuée des fatigues de la journée, et, avant de commencer la leçon, elle se soulageait en cherchant la sympathie d'un cœur ami. Elle contait ses difficultés, ses soucis personnels et autres, nombreux toujours, car elle portait le fardeau de son prochain.

Mais bientôt Elmire ne tardait pas à tout oublier pour concentrer son énergie, son attention tout entières à résoudre les difficultés du participe, mener à bien une analyse et surtout améliorer sa prononciation, et par contre-coup celle de ses élèves. Elle cherchait à acquérir le plus possible, pour avoir à leur donner le plus possible.

Elmire savait de quelle importance est, en Alsace, pour toute jeune fille, la connaissance du français, et avait remarqué que, depuis l'annexion, vu l'enseignement presque nul du français dans les écoles primaires, la plupart de ses élèves lui arrivaient, le sachant peu ou point.

Elle mit donc son amour-propre à combler cette fatale lacune, à leur parler français, ne craignant pas, malgré sa toux fréquente, de se fatiguer à répéter ses instructions, jusqu'à deux et trois fois de suite. Ce n'est que dans ses tout derniers jours, qu'elle disait tristement : « Pauvres filles! elles n'apprennent plus guère de français! Je deviens paresseuse; cela me fatigue tant de répéter. »

Par la vente de la maison où l'ouvroir était installé, Mlle Gallo se vit obligée à un déménagement, et ne tarda pas à trouver, à son entière satisfaction, un logement assez haut perché, mais ensoleillé, bien aéré, et jouissant d'une vue charmante sur le joli coteau, verdoyant et fleuri, au pied duquel la ville est bâtie.

L'exposition favorable lui permit de mettre à toutes les fenêtres des fleurs à profusion, qu'elle cultivait avec un soin jaloux, et dont la prospérité la comblait de joie.

Tout près d'elle, dans sa nouvelle maison, elle ne tarda pas à découvrir une petite plante étiolée et délaissée, une pauvre petite fille sans mère, poussant tristement à l'abandon. Un peu farouche, elle ne se laissa pas apprivoiser sans peine par sa nouvelle amie, qui gagna enfin son cœur et réussit à l'avoir souvent auprès d'elle après ses classes, la menant promener et lui enseignant un peu de couture.

Malgré la rétribution assez large allouée par Mme G..., Elmire ne réussissait jamais à sortir des embarras d'argent. Elle ne cessait d'aider sa mère, qui crut trouver le salut, pour elle et sa fille, dans une demande en mariage que reçut cette dernière, d'un marchand de vins prospère, offrant de se transformer de créancier en gendre.

La jeune fille ne se laissa pas tenter par cette perspective d'une vie matériellement facile. Un sentiment du devoir, poussé à ses dernières limites, lui avait donné la force de résister aux séductions d'un premier amour. Cette fois, elle ne put se résigner à sacrifier au bien-être matériel les exigences idéales de son âme ardente et passionnée.

Beaucoup la blâmeront. Pour moi, je la comprends et l'admire d'avoir préféré continuer solitaire le combat de la vie, plutôt que de s'unir à une nature vulgaire dont le contact journalier n'aurait pas tardé à devenir une souffrance pire mille fois que celles de la pauvreté, endurées par elle de si fière et si indépendante façon.

Les vacances, personne ne s'en étonnera, trouvaient toujours Mlle Gallo presque à bout de forces; aussi accepta-t-elle avec joie, à différentes reprises, l'offre bienveillante que lui fit Mme G... de venir se reposer chez elle, à la campagne. Elle rentrait vivifiée et retrempée physiquement et moralement, rapportant tout un butin de riants souvenirs, et pouvait reprendre sa tâche d'un cœur plus léger, débordant d'affection et de reconnaissance pour sa généreuse protectrice.

Comment exprimer sa profonde désolation, en apprenant que Mme G... allait quitter avec sa famille les environs de M..., et, trouvant ailleurs de nouvelles obligations charitables, se voyait forcée de retirer sa coopération pécuniaire à l'ouvroir? Ce fut pour elle une épreuve de plus venant s'ajouter à celles qui l'assiégeaient déjà.

En effet, grâce à un second mariage peu satisfaisant, la situation de sa mère se compliquait de plus en plus, et la position précaire d'une sœur vivant à l'étranger lui donnait également de poignantes inquiétudes. Pourtant, la vaillante fille ne se découragea pas, et malgré les défaillances de plus en plus fréquentes de sa santé, elle n'hésita pas à prendre l'ouvroir à son compte.

Appréciant son désintéressement, sa nature délicate et généreuse, Mme G... lui facilita cette grande résolution, en lui laissant tout le mobilier de l'école, et en l'autorisant à s'adresser à elle, chaque fois que se présenterait l'occasion d'admettre une élève trop indigente pour fournir sa rétribution mensuelle.

Ce changement en amena plusieurs autres : il fallut s'installer dans un autre logement moins cher, dont la bonne grand'tante de Bâle prit le loyer à sa charge et dont une partie fut sous-louée, car Elmire dut à ce moment se séparer de deux jeunes orphelines auxquelles elle avait tenu lieu de mère. L'aînée, son aide jusqu'alors, alla rejoindre une tante en Amérique, la seconde entra en service. Ce fut un vrai crève-cœur pour cette fidèle amie qui les avait comblées d'une vive affection, et entourées de la plus bienfaisante sollicitude.

Ce n'était pas une mince entreprise que de faire marcher sans économies, sans ressources, pour ainsi dire, un ouvroir organisé comme œuvre de charité et non pas au point de vue du rapport. Le caractère même de Mlle Gallo ajoutait à ces difficultés. Comme elle se prodiguait aux autres, sans réserve, sans mesure, ne reculant devant aucune fatigue, devant aucun sacrifice; de même aussi elle donnait son argent, ne calculant jamais, et laissant (c'était là son défaut principal) le désordre s'introduire dans ses comptes, aussi bien que dans ses armoires, au grand désespoir de son amie maternelle, Mme B..., qui, de temps en temps, passait une inspection et remettait toutes choses en état.

Du reste, sa modestie était grande; elle savait, (chose si rare et preuve véritable de supériorité), reconnaître ses torts, et le faisait avec une parfaite sincérité et une franchise qui, en d'autres choses prenait, des allures un peu trop brusques. Née physionomiste, elle déchiffrait un caractère avec une sûreté et une justesse extraordinaires. Il lui arrivait de laisser échapper de ces remarques salutaires, condamnées par le bon ton, mais présentées de si originale façon et empreintes d'une si parfaite charité, qu'on les acceptait tout simplement pour en faire son profit. Ce n'était pas un de ses moindres moyens d'action, que cette franchise intempestive par laquelle son influence s'étendait de l'humble ouvrière jusqu'à la femme du monde.

A deux reprises, voyant la difficulté qu'elle avait à se tirer d'affaire, Elmire songea à s'adjoindre un comité de dames patronnesses, fournissant une cotisation annuelle et assumant la haute direction de l'ouvroir. Mais, à peine quelques démarches faites, elle revint sur sa décision, préférant lutter toute seule et conserver une indépendance à laquelle elle s'était trop habituée et qui était trop dans sa nature pour pouvoir y renoncer aisément.

Elle continuait donc avec entrain et patience à travailler au but qu'elle s'était proposé, indifférente au déclin graduel de sa santé, lorsqu'un événement imprévu vint encore augmenter sa tâche. Ce fut l'arrivée soudaine de son beau-frère, lui amenant, avec une nourrice italienne, un chétif petit être dont la naissance venait de coûter la vie à sa mère, minée depuis longtemps par la phtisie pulmonaire, cette fatale maladie qui avait déjà enlevé à Mlle Gallo, son père, son frère, et la menaçait elle-même.

Avec bonheur, et sans hésitation aucune, elle recueillit dans son modeste intérieur ces hôtes inattendus. De toutes les forces de sa nature aimante, elle s'attacha à sa pauvre petite nièce. Veilles, sacrifices de tous genres, rien ne fut épargné, rien ne lui coûta. Elle disputa à la mort sa mignonne adorée, mais en vain. La petite Marthe alla rejoindre sa mère, laissant son père et sa tante anéantis de douleur.

Cette communauté de souffrance contribua beaucoup à rapprocher Elmire de son beau-frère et à lui faire oublier tous les griefs qu'elle avait contre lui. Par moments, M. W... s'abandonnait au plus violent désespoir, parlant d'en finir avec une existence qui lui était à charge. Elle fut son ange tutélaire, comme il disait, sut le rattacher à la vie et lui communiquer quelque peu de son courage.

Insensiblement, inconsciemment, en dépit, ou plutôt en raison même du contraste que présentaient leurs natures respectives, ces deux êtres, rapprochés soudain par la destinée, s'attachèrent passionnément l'un à l'autre.

Polonais d'origine, M. W... possédait à un haut degré, les défauts comme les qualités de sa nationalité. Instruit et cultivé, ayant beaucoup lu, beaucoup voyagé, c'était un homme du monde accompli, de manières chevaleresques et d'un charme tout à fait séduisant, bien fait pour captiver Elmire, si sensible à ce genre de distinction. Elle se laissait si bien absorber, en l'écoutant, qu'il lui semblait être transportée dans un monde nouveau, plein de mystérieux attraits et bien différent de la triste et banale réalité.

Une proposition de mariage fut la conséquence naturelle de rapports aussi intimes, et la cause du plus rude combat qu'Elmire eut jamais à soutenir contre elle-même. Elle se laissa d'abord dominer par son cœur et influencer par les déclarations passionnées de M. W... ; mais sa nature clairvoyante reprenant le dessus, elle envisagea la situation avec son habituelle fermeté de jugement. Les qualités séduisantes de son beau-frère ne suffisaient pas à masquer l'infériorité morale de son caractère faible et mobile. Elle se dit qu'étranger à une occupation régulière, fait à une vie d'aventures, suivant le gré de son caprice ou de sa fantaisie, sans principes pour lui servir de boussole, il se ferait difficilement à une existence réglée, et qu'elle-même ne tarderait pas à se heurter péniblement à cette nonchalance innée, à ce manque de virilité, exacte antithèse de sa propre nature.

Pourtant Elmire aimait, elle était aimée et resta longtemps indécise, et malheureuse de son irrésolution. Sa fidèle amie, Mme B..., ne l'abandonna pas à ce moment critique; elle lui rappela la vie agitée et malheureuse de sa pauvre sœur et l'aida, par ses conseils affectueux mais fermes, à se défendre contre elle-même, à imposer silence à son cœur, à le briser, plutôt que de se soumettre à une déchéance morale.

La victoire fut remportée enfin; Elmire tourna résolument cette page de sa vie, pour s'engager plus fermement que jamais dans la voie du devoir. Il n'est point de sacrifice stérile, point de renoncement, quelque petit qu'il soit, qui ne rende plus qu'il n'a coûté, en paix et en satisfaction intérieure. Notre amie l'éprouva pleinement, et sortit de cette lutte grandie et purifiée. Il se fit en son être moral comme un épanouissement, rendant son influence de plus en plus pénétrante et bienfaisante, éclairée qu'elle était désormais par une foi vive et sincère.

Le doute, Mlle Gallo l'avait connu, avec ses angoisses poignantes et ses découragements immenses, et c'est par droit de conquête qu'elle posséda enfin une foi personnelle et une piété qui, pour être fervente, n'avait rien d'étroit ni de prêcheur, ne se traduisant pas en paroles, mais se prouvant par toutes ses actions et surtout par un amour ardent de son prochain, une vraie soif de faire le bien et d'attirer les cœurs dans la voie du sacrifice et du dévouement.

Toute brisée encore moralement et physiquement, elle ne recula pas quand s'offrit l'occasion de se venger noblement d'un homme qui lui avait fait beaucoup de mal. Son beau-père, seul, misérable, abandonné de tous, était consumé par la phtisie. Elle le recueillit chez elle et le soigna jusqu'à son dernier soupir, avec une abnégation que peuvent apprécier à sa juste valeur ceux-là seuls qui ont connu cet homme. Le contact avec la nature si pure et si élevée de sa belle-fille, ne resta pas sans effet pour lui; cette immense charité toucha ce cœur endurci par le vice. « Si on pouvait adorer une femme comme une sainte, disait-il, ce serait elle! » Il s'éteignit repentant, paisible et reconnaissant, et sa mort permit enfin à Elmire de réaliser son projet le plus cher et de prendre sa mère chez .elle

Ce n'est pas impunément que la vaillante fille avait soutenu tant de luttes! Sa santé déjà atteinte se minait lentement par une toux opiniâtre; son estomac refusait souvent tout aliment; ses yeux, agrandis par la maigreur de son visage, brillaient d'un éclat fébrile. A tous ces symptômes, la marche lente, mais sûre, de la phtisie était aisément reconnaissable. Elmire ne s'y trompa pas; mais loin d'abattre son énergie, la pensée que ses jours étaient comptés la redoubla singulièrement.

S'étant à grand'peine procuré un vieux piano, elle commença des réunions de chant projetées depuis longtemps et dont l'idée première datait des heureux dimanches de sa jeunesse. Elle chercha à fournir ainsi, à ses élèves d'abord, puis à d'autres jeunes filles, un lieu de réunion agréable, qui les attirât plutôt que des distractions futiles ou pernicieuses, et les groupa autour d'elle pour étudier des cantiques et d'autres beaux morceaux de chant. Un pasteur, musicien distingué, lui prêta son concours en venant parfois diriger les chants et adresser quelques bonnes et encourageantes paroles aux jeunes filles, dont le nombre ne tarda pas à dépasser cent.

Ces réunions eurent lieu chez Mlle Gallo tant

qu'elle eut la force de les présider, c'est-à-dire jusque peu de mois avant sa mort, en 1882. Elles se continuent encore, à l'heure qu'il est, avec une visible bénédiction.

A côté de cette grande satisfaction, Elmire eut encore la joie d'atteindre un autre but qu'elle poursuivait infatigablement depuis plusieurs années, et arriva, à force de privations de tout genre, grâce aussi au joli revenu de l'ouvroir sorti enfin de sa situation précaire, à éteindre toutes les vieilles dettes de sa mère et les siennes.

Libre enfin de ce côté, elle songeait avec joie à toutes les petites douceurs qu'elle pourrait accorder à sa mère, aux économies qu'elle ferait pour elle. Mais, hélas! ses forces diminuaient rapidement, elle sentait la terrible maladie faire de menaçants progrès. Malgré toute sa soumission, elle aurait désiré vivre pour sa mère, pour ses élèves et elle défendit son existence pied à pied, avec une indomptable énergie. Elle se traînait à l'église, joignait sa voix défaillante au chœur des fidèles, essayait de temps en temps d'une courte promenade, espérant ranimer ses forces au grand air.

On peut dire que la dernière année de sa vie, son corps usé, de l'avis même des médecins, ne fut maintenu que par la fermeté de sa volonté. Ceux qui l'ont vue, transie à côté du poêle chaud, malgré les châles qui l'enveloppaient, oppressée, haletante, défaillante, presque sans voix, et dirigeant son ouvroir, n'oublieront jamais cet exemple de la force que peut posséder une âme vaillante.

« Le temps est court, » cette redoutable vérité s'imposait à elle dans sa force absolue; elle en aurait voulu pénétrer tout son entourage. « Il y a tant à faire, disait-elle avec tristesse, et maintenant je ne puis plus rien! Oh! si la jeunesse d'aujourd'hui, si molle, si indifférente, pouvait agir pendant qu'il est temps! » Elle aurait voulu communiquer à tous les cœurs l'ardeur qui la consumait, et se désolait de la froideur, de l'inertie de la plupart des femmes, qui se contentent de l'accomplissement de leur devoir immédiat, sans jeter les yeux autour d'elles. Elmire Gallo ne se bornait pas au nécessaire du devoir ou de la charité, elle en cherchait le superflu.

Loin de se laisser accabler par ses souffrances, ou de s'y absorber, son actif intérêt pour toutes choses ne diminuait jamais. Elle recevait avec une grande joie les visites de ses amies, de ses anciennes élèves, et se ranimait pour les écouter, aimant être mise au courant de leurs préoccupations comme de leurs joies.

Elle-même parlait peu, exténuée par la direction de l'ouvroir; elle se bornait à exprimer des sentiments de reconnaissance pour la bonté de Dieu : « Songez comme je suis heureuse! malade comme je suis, je puis encore travailler pour ma mère et gagner ma vie. Tout le monde est si bon pour moi! »

Elle aimait à revenir sur son dernier séjour à la campagne, dans un château des environs, où elle avait été traitée comme l'enfant de la maison, et avait encore respiré avec délices l'air des prés et des bois.

Elle n'avait qu'une crainte, celle de se voir forcée de fermer l'ouvroir pour être transportée dans une maison de santé. Cette dernière épreuve lui fut épargnée ; elle put rester chez elle, et ce n'est que huit jours avant sa mort qu'elle remit la direction de l'ouvroir à sa sœur aînée, accourue pour la soigner et soutenir sa mère.

Mais ce furent huit jours d'agonie, de souffrances indescriptibles ! Il lui semblait que l'intérieur de son corps était changé en un brasier et elle se voyait prise à tout instant d'étouffements terribles. Comme Mme B..., qui ne la quittait guère, lui répétait pendant un de ces moments d'angoisse : « Ne crains point, car je suis avec toi. — Je n'ai pas la moindre crainte, » répondit-elle vivement.

Une autre fois, sentant percer, à travers les affectueuses paroles de son amie, l'admiration inspirée par son inaltérable patience, elle s'écria, consternée : « Je crois, en vérité, que vous me prenez pour une perfection ! »

Jusqu'au bout ce fut la même Elmire, d'une simplicité touchante par sa grandeur. Elle prit congé avec une affectueuse sérénité de ses élèves, de ses amies, recommandant à toutes sa mère, cherchant d'avance à adoucir pour elle l'amertume de la séparation.

Il vint enfin, ce moment solennel, qui est, non la fin, mais le commencement de la vie. Il donna le repos à ce pauvre corps, pour ouvrir à cette âme si noble l'existence meilleure où elle a dû trouver la satisfaction de ses aspirations idéales.

La dernière nuit fut paisible; Elmire la passa à prier, à répéter ses cantiques favoris, à demander pardon aux siens pour tous ses manquements. Vers 7 heures et demie du matin, elle dit à sa mère : « Ne t'éloigne pas, maman, cela va être fini. » Elle se coucha, paisible, et s'endormit doucement.

L'existence austère et laborieuse de Mlle Gallo semble se résumer en un mot : la lutte. Nous l'avons vue, en effet, lutter toujours, lutter sans trêve ni repos, contre la pauvreté, contre son propre cœur, contre la maladie, qui lui faisait payer l'accomplissement de ses devoirs, comme ses joies les moins égoïstes, au prix de souffrances constantes; mais cette lutte donna à son caractère la force morale qui, jointe au rayonnement d'une âme aimante, l'a faite si remarquable.

Pourtant, elle eut aussi ses rayons de soleil, l'affection de ses élèves lui fut toujours tout particulièrement précieuse et se manifesta, à la fin de sa vie surtout, par des attentions touchantes. Elle posséda le seul vrai bonheur qui se trouve ici-bas, celui d'espérer et d'aimer beaucoup.

Pour nous sa vie est une éloquente prédication, une puissante démonstration de cette force qui s'accomplit dans la faiblesse. Le souvenir d'Elmire Gallo restera vivant et bienfaisant, car elle a réalisé la belle parole du poète :

Que ton pied sur le sol laisse une noble empreinte,
Et peut-être, suivant tes sentiers après toi,
Quelque esprit agité par le doute ou la crainte
Retrouvera l'espoir, le courage et la foi.

Marche, et que chaque jour te trouve, à son aurore,
Plus près du but sacré, le flambeau dans la main ;
Agis, le temps est court, il se hâte et dévore
Ce qui n'est pas réel, immortel et divin.

Paris. — Typ. G. Chamerot, 19, rue de Saints-Pères. — 20261.

www.ingramcontent.com/pod-product-compliance
Ingram Content Group UK Ltd.
Pitfield, Milton Keynes, MK11 3LW, UK
UKHW021030260726
13994UKWH00005B/2053